Meine Freundin Conni

# Mein LATERNEN-Bastelbuch

Auf welcher Seite
im Buch hat sich diese
Eule versteckt?

Texte von Hanna Sörensen
Mit Bildern von Uli Velte

CARLSEN

# LATERNE, LATERNE

Conni und ihre Freundinnen und Freunde basteln tolle Laternen. Machst du mit?

## Du brauchst:

- Nach oben offenen kleinen Karton oder Schachtel ohne Deckel (ca. 20 x 30 cm)
- Schere
- Acrylfarben
- Pinsel
- Buntes Transparentpapier
- Locher
- Draht
- Laternenstab mit Licht

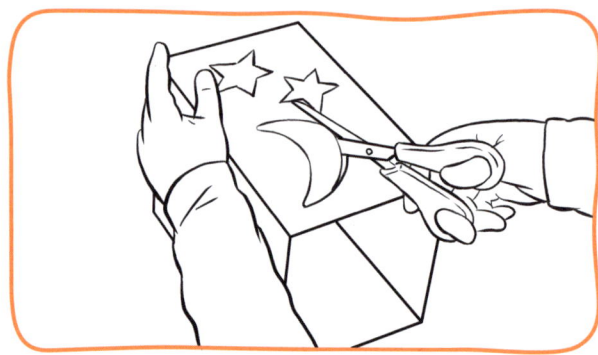

**1.** Schneide Sterne und Monde in die Seiten des Kartons. Achte darauf, dass ein breiter Rand auf allen Seiten bleibt, damit die Laterne stabil ist.

**2.** Male den Karton schwarz oder dunkelblau an und lasse die Farben gut trocknen.

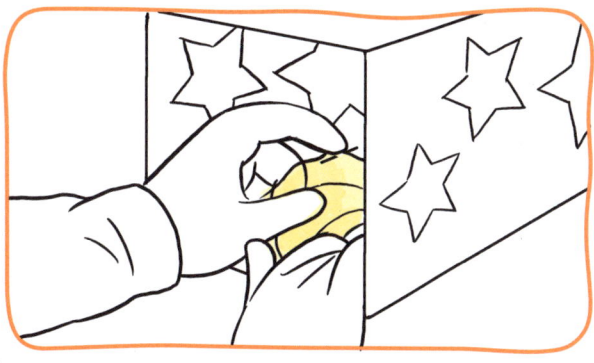

**3.** Schneide kleine Stücke buntes Transparentpapier aus und klebe sie hinter die Sterne und Monde.

**4.** Stanze mit dem Locher jeweils eine Öffnung in den oberen Rand des Kartons.

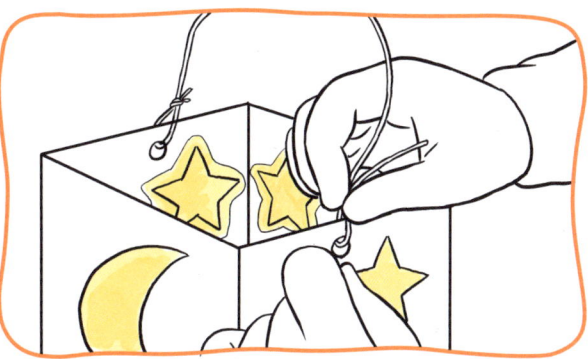

**5.** Befestige ein Stück Draht an den gestanzten Öffnungen.

**6.** Nun kannst du den Laternenstab an den Draht hängen. Viel Spaß beim Laternelaufen!

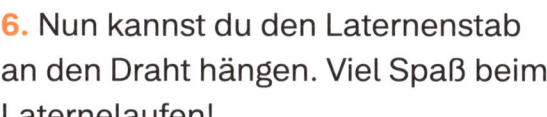

Du kannst zum Laternelaufen einen Holzstab und ein Teelicht verwenden. Doch Vorsicht: Die Laterne kann Feuer fangen! Sicher ist ein Laternenstab mit elektrischer Lampe. Allerdings wird dafür viel Kunststoff verbraucht. Sehr preisgünstige Laternenstäbe können schnell kaputtgehen.

# LEUCHTENDE HÄUSCHEN

Male die Laternen bunt an!

## Du brauchst:

- Saft- oder Milchkarton (sauber und trocken)
- Schere
- Acrylfarben
- Pinsel
- Gelbes Transparentpapier
- Klebstoff
- Locher
- Draht
- Laternenstab mit Licht

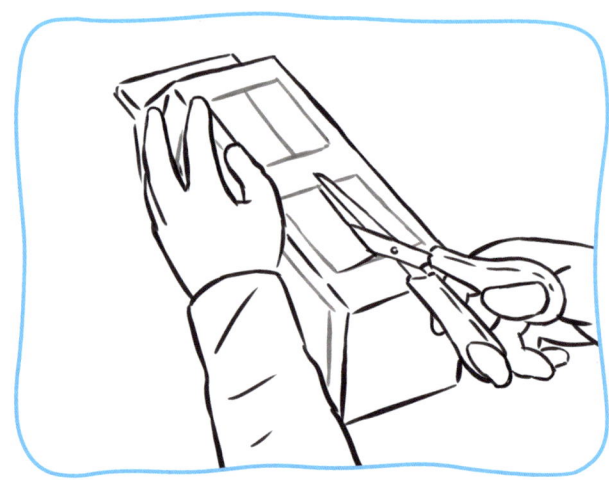

1. Schneide Fenster und Türen in deinen Saft- oder Milchkarton.

**2.** Male dein Laternen-Haus mit den Acrylfarben an und lasse die Farben gut trocknen.

**3.** Schneide kleine Stücke gelbes Transparentpapier aus und klebe sie hinter die Fenster.

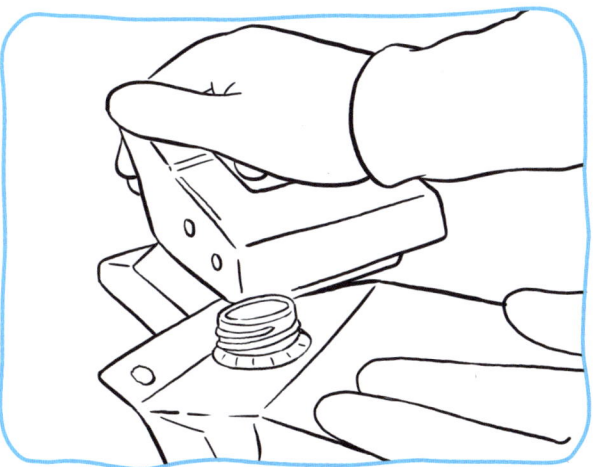

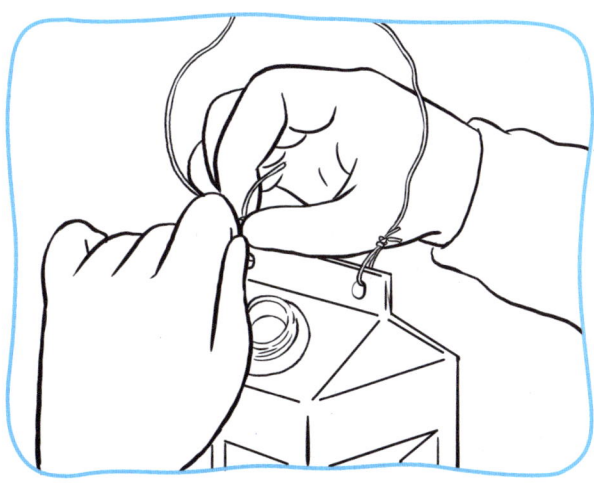

**4.** Stanze mit dem Locher zwei Löcher in den oberen Rand des Hauses.

**5.** Befestige ein Stück Draht an den gestanzten Öffnungen.

**6.** Nun kannst du den Laternenstab an den Draht hängen. Viel Spaß beim Laternelaufen!

Male die Laterne bunt an!

### Du brauchst:

- Festes Transparentpapier (hell)
- Schere
- Farben
- Pinsel
- Klebstoff
- Locher
- Große runde Käseschachtel mit Deckel
- Draht
- Laternenstab mit Licht

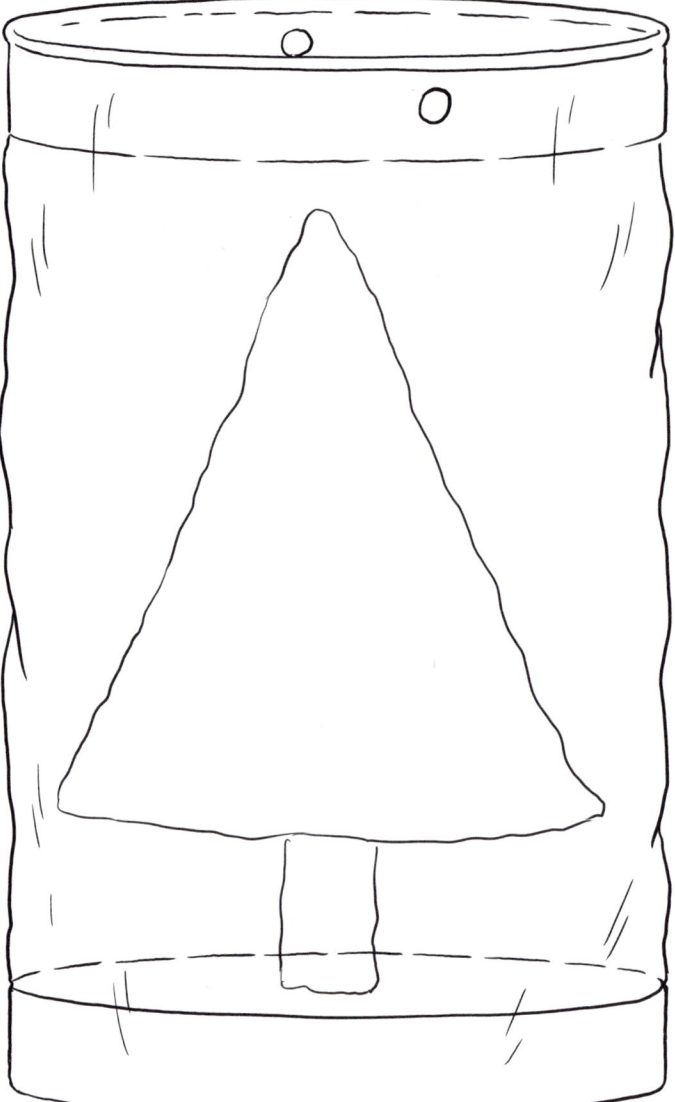

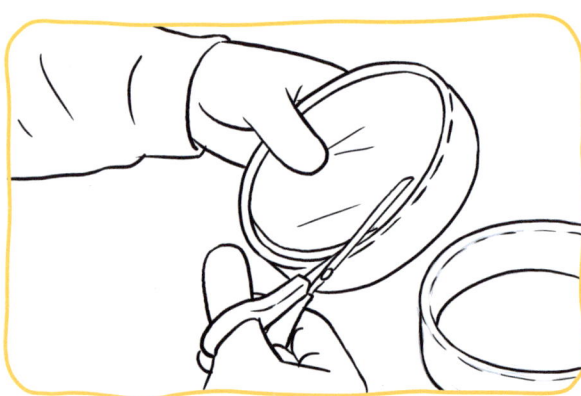

**1.** Schneide vorsichtig Boden und Deckel der Käseschachtel weg, sodass nur noch zwei Ringe übrigbleiben.

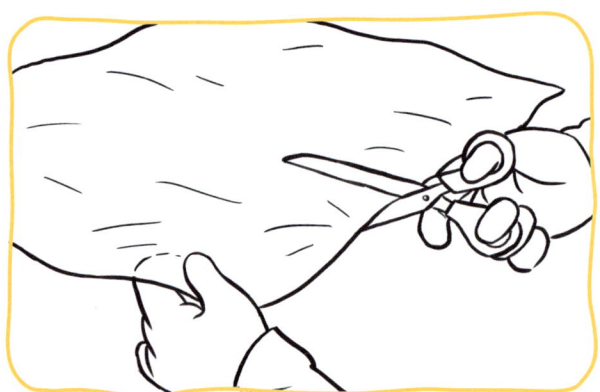

**2.** Schneide ein rechteckiges Stück Transparentpapier so zurecht, dass es genau um den Ring der Käseschachtel passt.

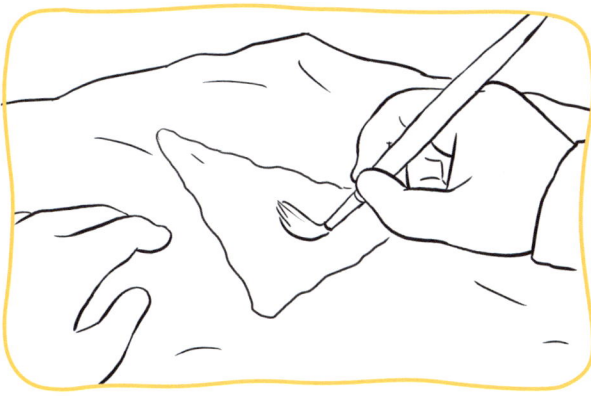

**3.** Bemale das Transparentpapier und lasse die Farbe gut trocknen.

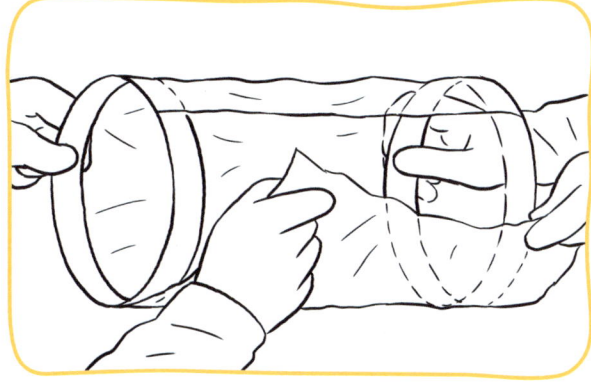

**4.** Rolle das Transparentpapier mit dem Bild nach außen zusammen und klebe es oben und unten jeweils an den beiden Ringen fest. Am besten macht ihr das zu zweit.

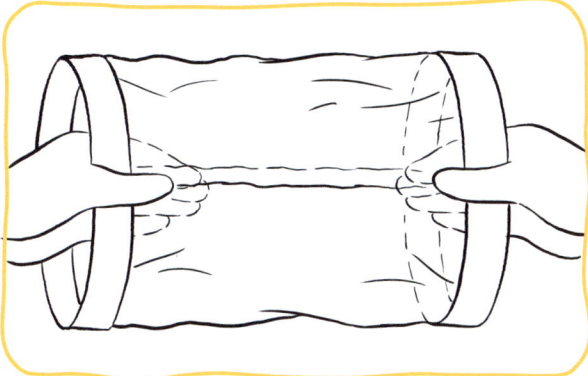

**5.** Nun klebst du das Transparentpapier in der Mitte zusammen.

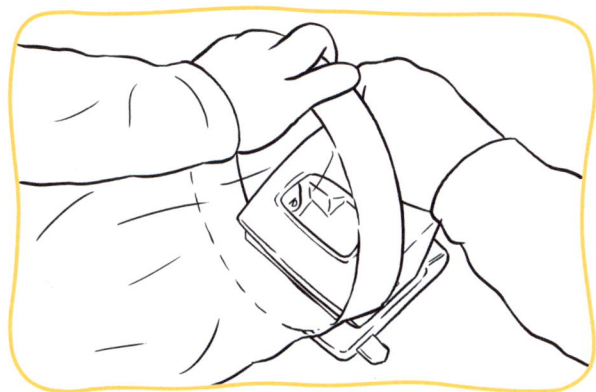

**6.** Stanze mit dem Locher zwei Löcher in den oberen Rand der Laterne.

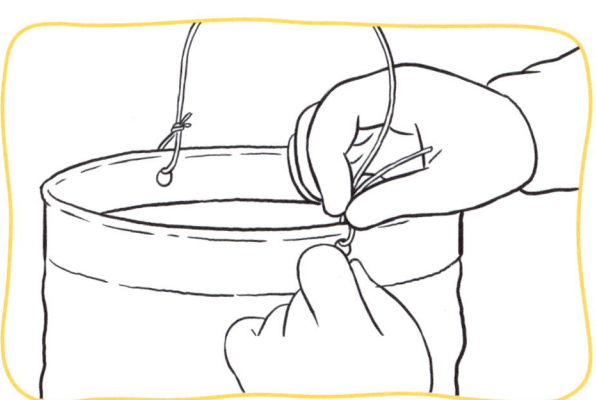

**7.** Befestige ein Stück Draht an den gestanzten Öffnungen.

**8.** Nun kannst du den Laternenstab an den Draht hängen. Viel Spaß beim Laternelaufen!

# LUFTBALLON-LATERNE

**Du brauchst:**

- Luftballon
- Tapetenkleister
- Pinsel
- Wasser
- Transparentpapier in verschiedenen Farben
- Schere
- Draht
- Locher
- Laternenstab mit Licht

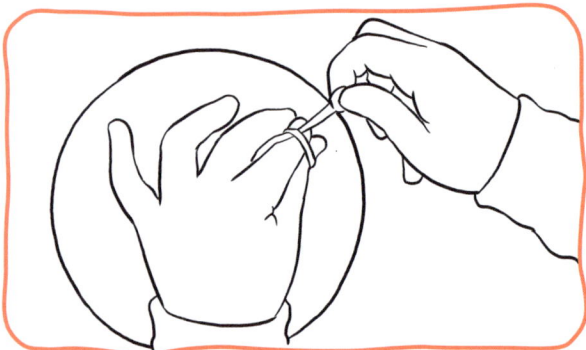

**1.** Puste den Luftballon auf und knote ihn zu.

**2.** Rühre den Tapetenkleister genau nach Packungsanleitung mit Wasser an. Denke auch daran, ihn dabei ein wenig quellen zu lassen.

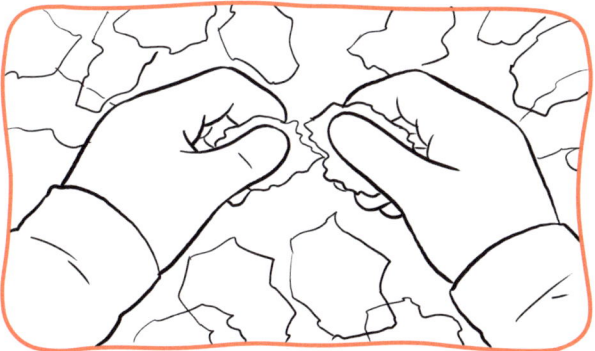

**3.** In der Zwischenzeit reißt du das Transparentpapier in viele kleine Stücke.

Setze den Ballon auf ein Gefäß, dann kannst du ihn besser bekleben.

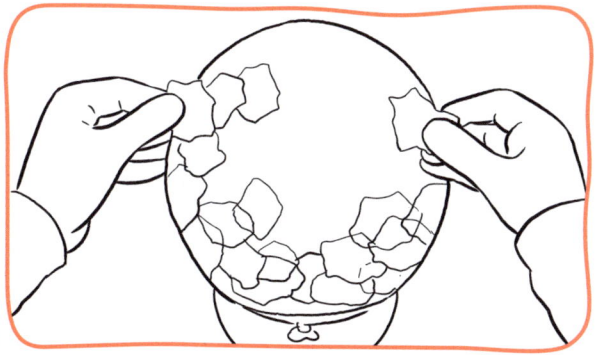

**4.** Bestreiche den Luftballon dick mit Tapetenkleister und beklebe ihn mit dem Transparentpapier. Lasse dabei einen Bereich um den Knoten frei. Dort kommt später das Licht hinein. Wiederhole den ganzen Vorgang mehrmals, bis du mehrere Schichten übereinander hast.

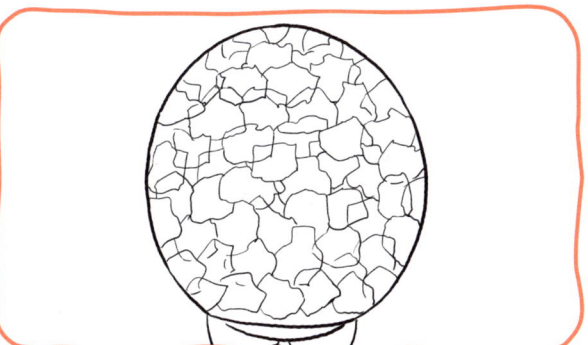

**5.** Lasse die Laterne nun zwei bis drei Tage gut trocknen.

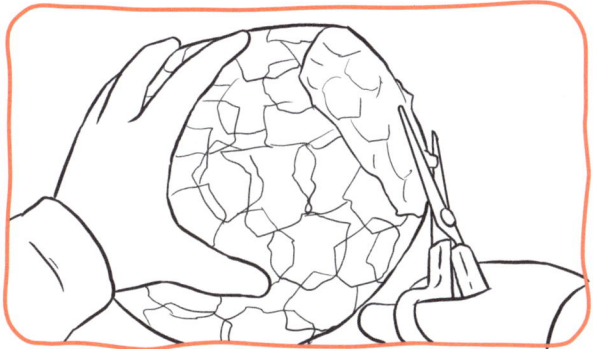

**6.** Schneide den Ballonknoten ab und entferne die Ballonreste vorsichtig aus dem Inneren. Begradige den Rand oben mit der Schere.

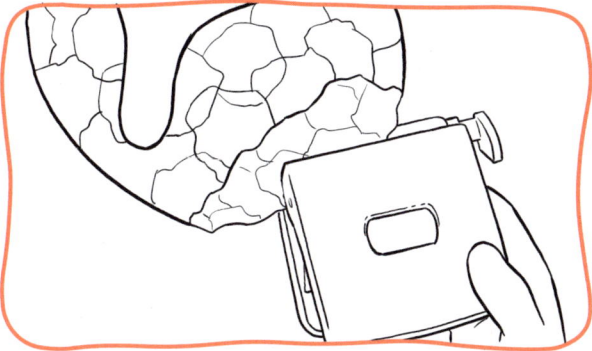

**7.** Stanze mit dem Locher zwei Löcher in den oberen Rand der Laterne.

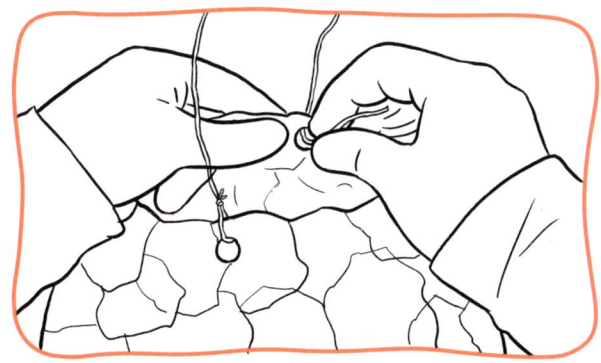

**8.** Befestige ein Stück Draht an den gestanzten Öffnungen. Nun kannst du den Laternenstab an den Draht hängen.

# KLASSE KATER-MAU-LATERNE

Male die Laterne bunt an!

**Du brauchst:**

- Leere PET-Kunststoffflasche (sauber und trocken)
- Schere
- Stift
- Bastelpapier
- Klebstoff
- Draht
- Locher
- Laternenstab mit Licht

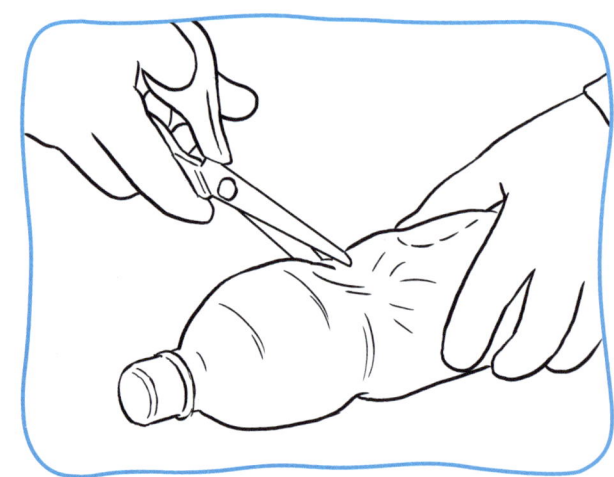

**1.** Schneide den oberen Teil der Flasche etwa zur Hälfte weg.

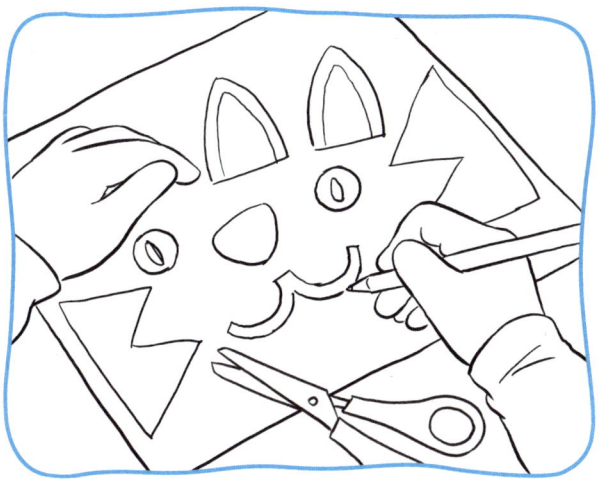

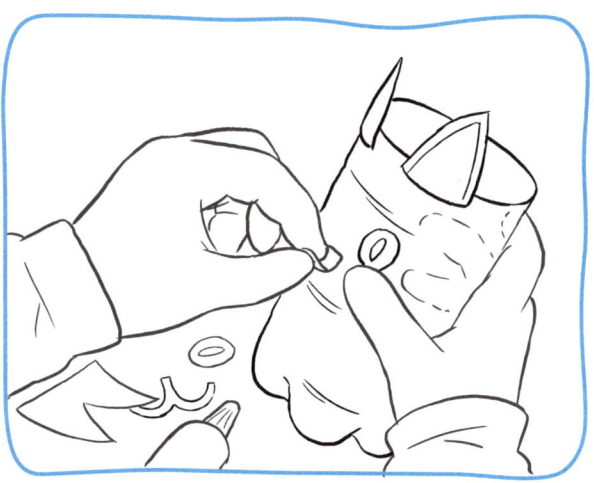

**2.** Zeichne Katzenohren, Nase, Fellstreifen und ein Halsband auf das Bastelpapier und schneide alles aus. Achte darauf, dass die Katzenteile so groß sind, dass sie gut auf deine Flasche passen.

**3.** Klebe die ausgeschnittenen Katzenteile auf die Flasche.

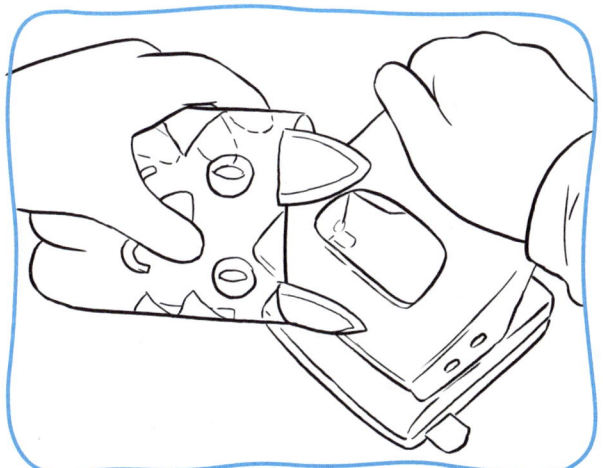

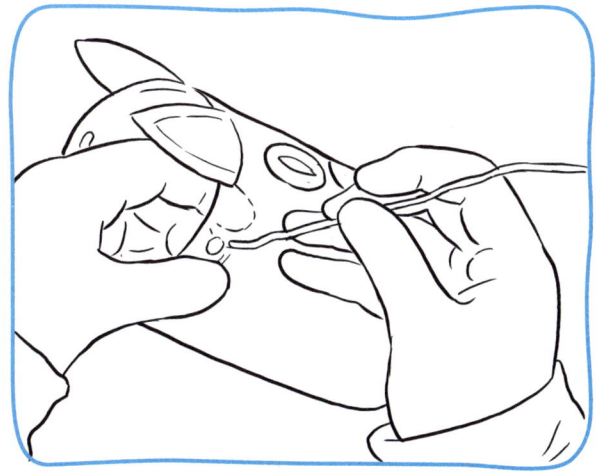

**4.** Stanze mit dem Locher zwei Löcher in den oberen Rand der Laterne.

**5.** Befestige ein Stück Draht an den gestanzten Öffnungen. Nun kannst du den Laternenstab an den Draht hängen.

# LIEDER ZUM LATERNELAUFEN

## Ich geh' mit meiner Laterne

Ich geh' mit meiner Laterne
und meine Laterne mit mir.
Da oben leuchten die Sterne
und unten, da leuchten wir.
Mein Licht ist aus,
ich geh' nach Haus.
rabimmel, rabammel, rabum.
Mein Licht ist aus,
ich geh' nach Haus.
rabimmel, rabammel, rabum.

*Volksweise*

**Laterne, Laterne, Sonne, Mond und Sterne.**
**Laterne, Laterne, Sonne, Mond und Sterne.**
**Brenne auf, mein Licht, brenne auf, mein Licht,**
**aber nur meine liebe Laterne nicht.**

# GRASGRÜNE FROSCH- LATERNE

Male die Laterne bunt an!

## Du brauchst:

- Luftballon
- Tapetenkleister
- Pinsel
- Wasser
- Transparentpapier in verschiedenen Grüntönen
- Schere
- Grünes, rotes und gelbes Tonpapier
- Wackelaugen
- Klebstoff
- Stifte
- Draht
- Locher
- Laternenstab mit Licht

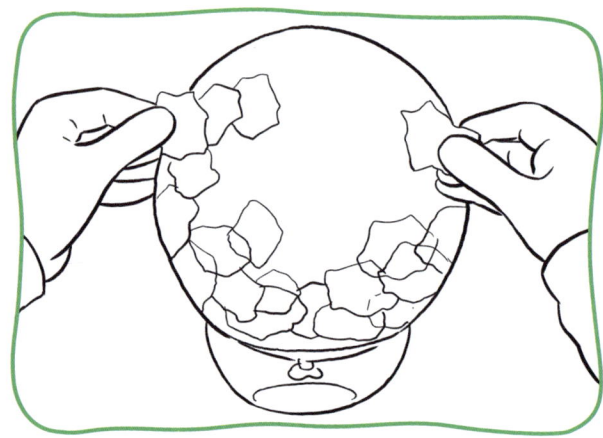

**1.** Forme den Ballonkörper der Laterne, wie es auf den Seiten 8 und 9 beschrieben ist. Verwende aber nur grünes Transparentpapier.

**2.** Zeichne zwei Froschfüße und zwei Hände auf grünes Tonpapier und schneide alles aus.

**3.** Zeichne eine Krone auf das gelbe und einen Mund auf das rote Tonpapier und schneide beides ebenfalls aus.

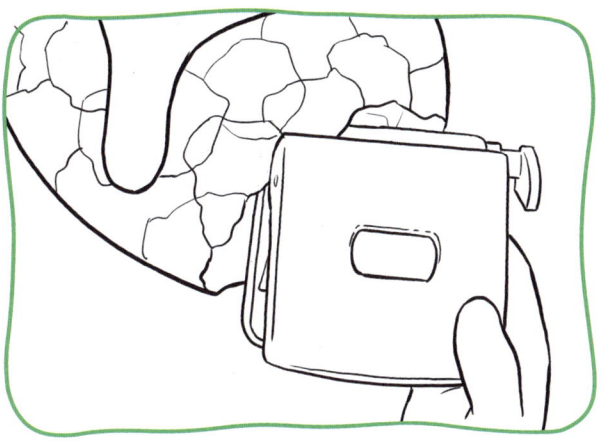

**4.** Stanze mit dem Locher zwei Löcher in den oberen Rand der Laterne.

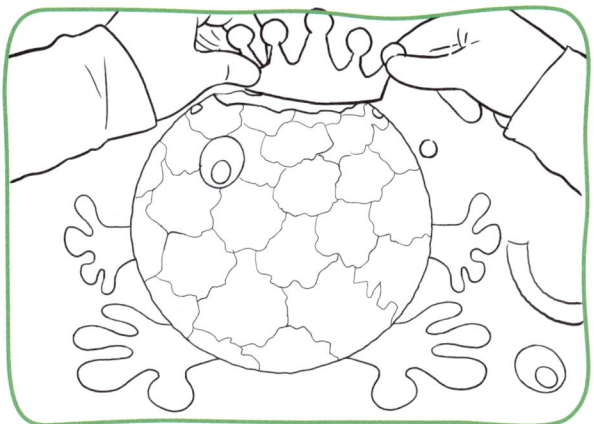

**5.** Klebe Füße, Hände, Mund und Krone an den Ballonkörper. Die Wackelaugen klebst du ebenfalls direkt auf den Körper.

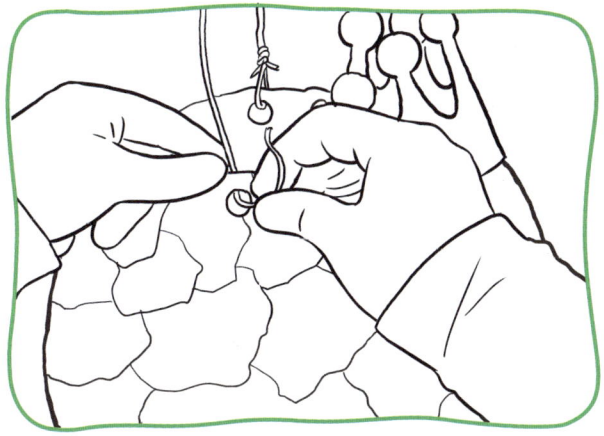

**6.** Befestige ein Stück Draht an den gestanzten Öffnungen. Hänge den Laternenstab an den Draht.

**7.** Nun kannst du mit deinem Frosch Laternelaufen.
Quak!

15

# PRIMA PAPIER-LATERNE

Male die Laterne bunt an!

## Du brauchst:

- 1 Blatt farbiges DIN-A4-Papier
- Schere
- Basteldraht
- Klebstoff
- Runder Deckel, z. B. von einem Schraubglas (Ø ca. 9 cm)
- Washi-Tape
- Draht
- Locher
- Laternenstab mit Licht

**1.** Falte das Papier der Länge nach zur Mitte hin.

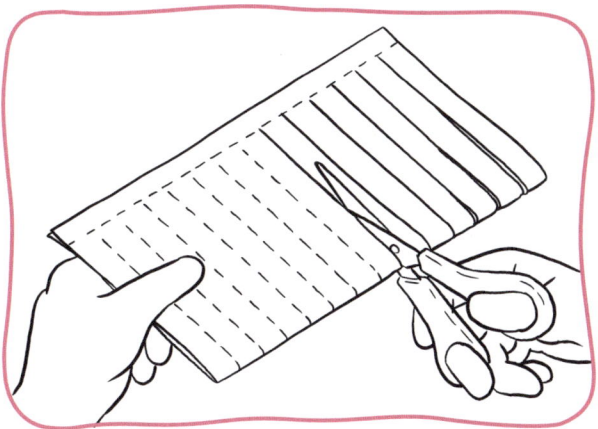

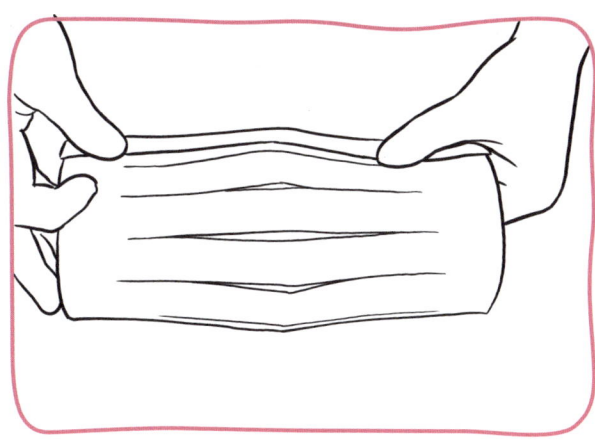

**2.** Schneide von der Faltkante nach außen gleichmäßige Streifen in das Papier. Schneide das Papier nicht ganz durch, sondern lasse etwa 2 cm Abstand zum oberen Rand.

**3.** Klebe den unteren Rand um den Deckel. Klebe die Laterne auch an der Längsseite fest.

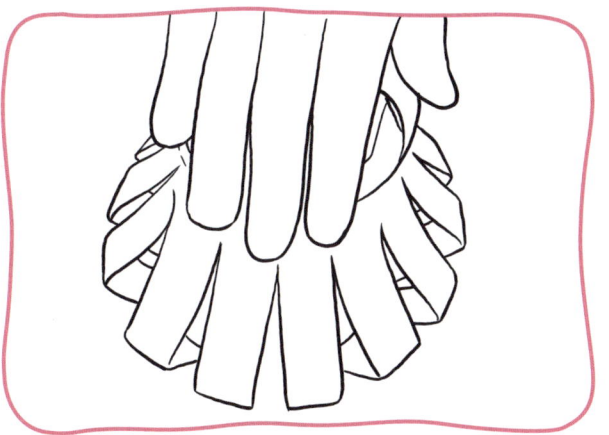

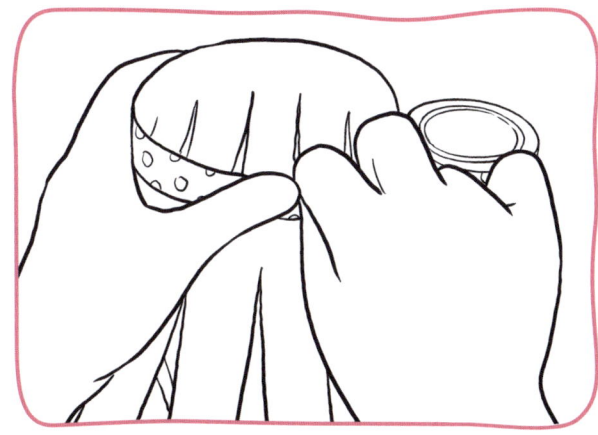

**4.** Drücke die Laterne von oben leicht zusammen.

**5.** Verziere die Laterne mit Washi-Tape.

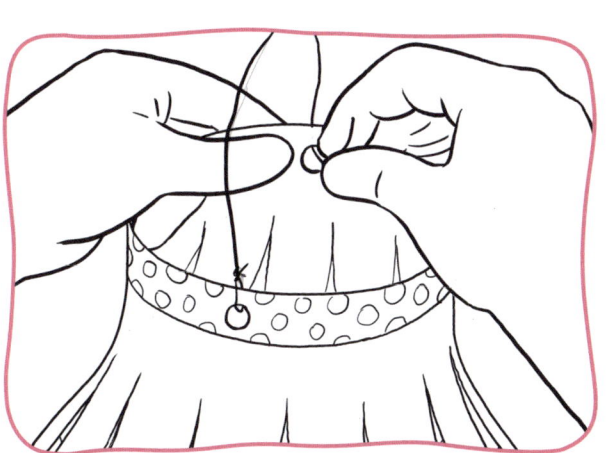

**6.** Befestige ein Stück Draht an der Laterne. Nun kannst du den Laternenstab an den Draht hängen.

## DOLLE DOSE

Male die Laterne bunt an!

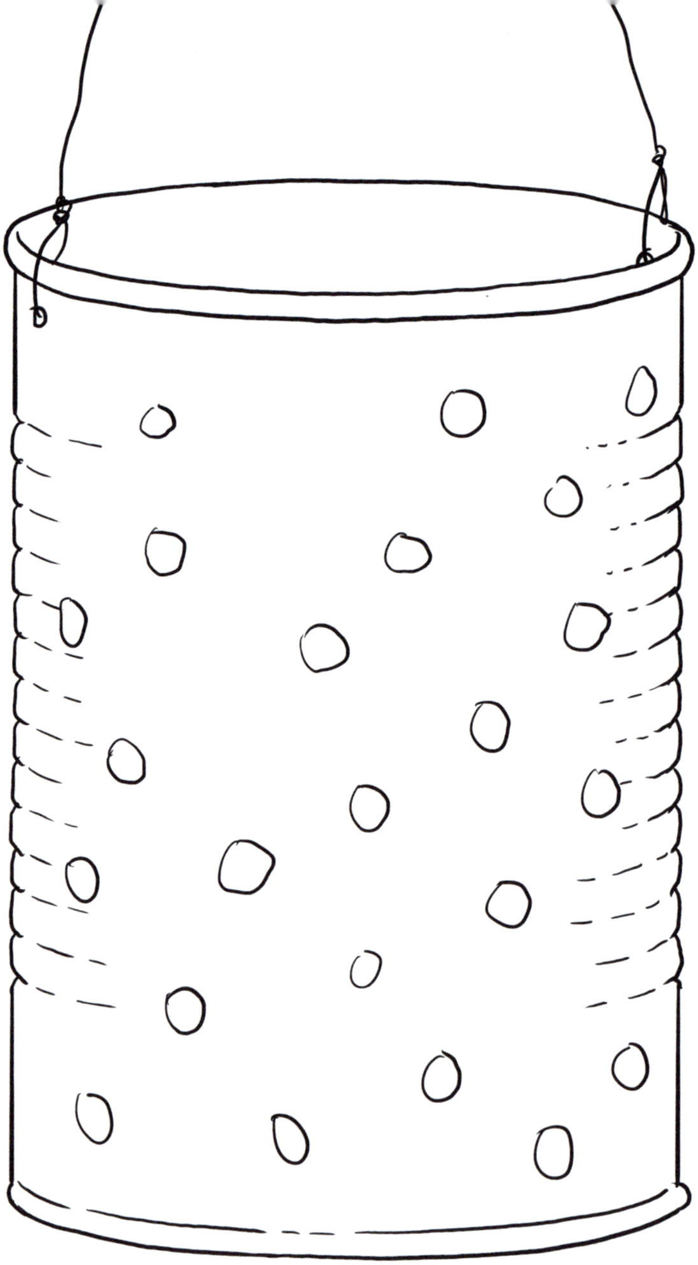

### Du brauchst:

- 1 Konservendose (sauber und trocken)
- Nägel
- Hammer
- Baumwolltuch
- Acrylfarben und Pinsel
- Draht
- Laternenstab mit Licht

**1.** Fülle Wasser in die Dose. Lasse das Wasser im Gefrierfach zu Eis gefrieren.

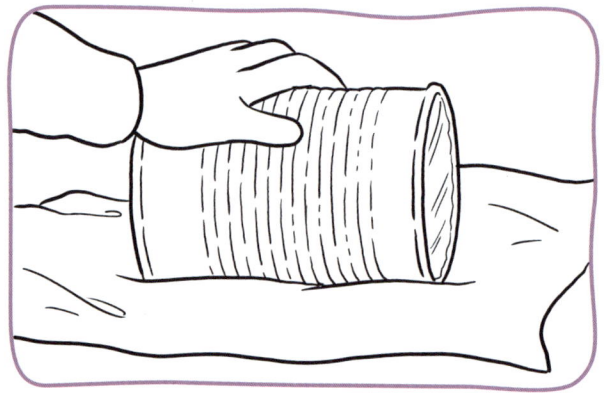

**2.** Lege die Dose auf das Tuch. Du brauchst einen ebenen, festen Untergrund.

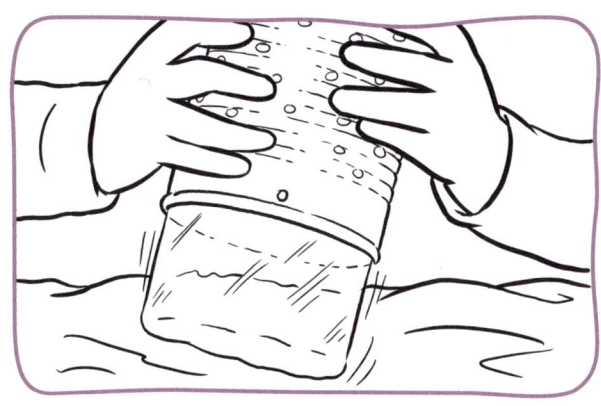

**3.** Schlage mit dem Hammer Nägel in die Dose und ziehe sie wieder heraus. Lasse dir von einem Erwachsenen helfen. Du kannst dabei auch Muster bilden, zum Beispiel ein Herz. Oben an den Rand kommen zwei gegenüberliegende Löcher, in die du später den Basteldraht fädelst.

**4.** Hole das angetaute Eis aus der Dose und trockne sie gut ab.

**5.** Bemale die Dosen-Laterne und lasse die Farben gut trocknen.

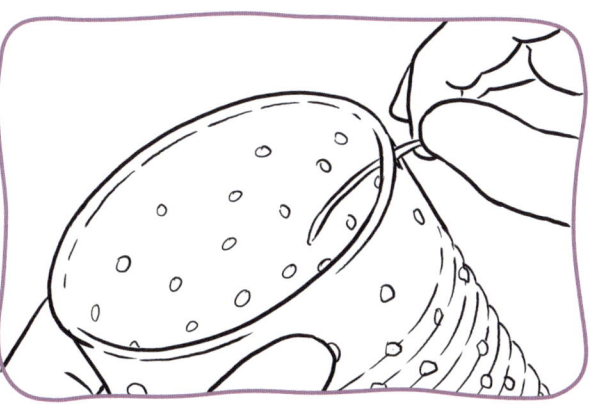

**6.** Befestige ein Stück Draht oben an den gestanzten Öffnungen. Nun kannst du den Laternenstab an den Draht hängen.

Du kannst mit Laternen natürlich Laternelaufen gehen. Sie sehen aber auch auf der Fensterbank oder im Garten sehr hübsch aus, zum Beispiel, wenn du sie in einen Baum oder Strauch hängst.

# LIEBLINGS-LATERNE

Male die Laterne bunt an!

## Du brauchst:

- 2 Pappteller
- Farben und Pinsel
- Klebstoff
- Schere
- Transparentpapier
- Klebeband
- Draht
- Locher
- Laternenstab mit Licht

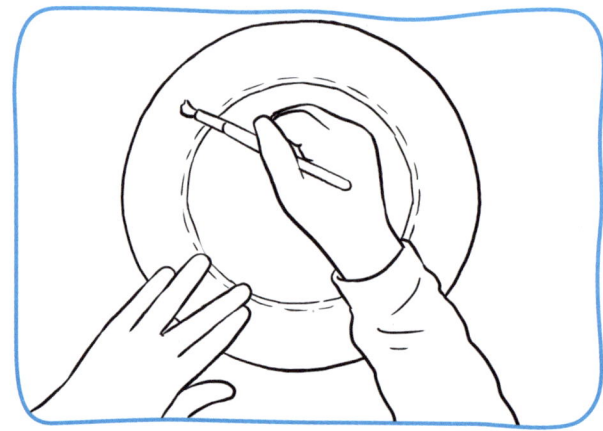

**1.** Male beide Pappteller von außen an und lasse die Farbe trocknen.

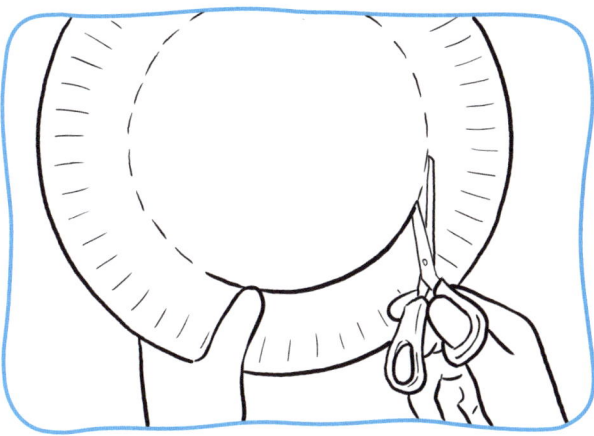

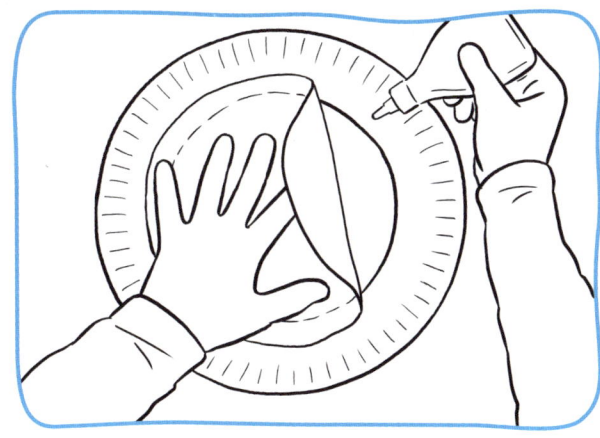

**2.** Schneide in die Mitte von jedem Teller einen Kreis oder ein anderes Motiv.

**3.** Klebe auf die unbemalte Seite farbiges Transparentpapier vor die ausgeschnittene Öffnung.

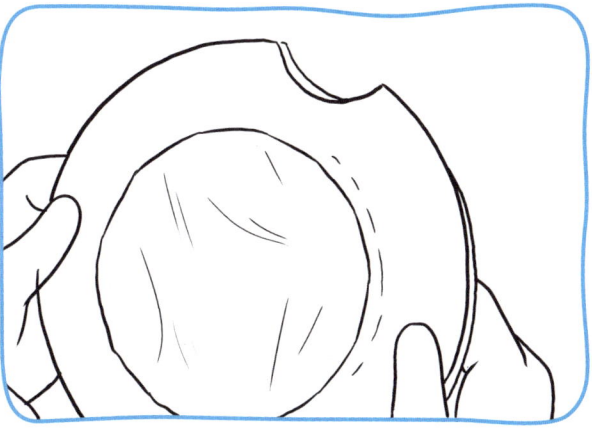

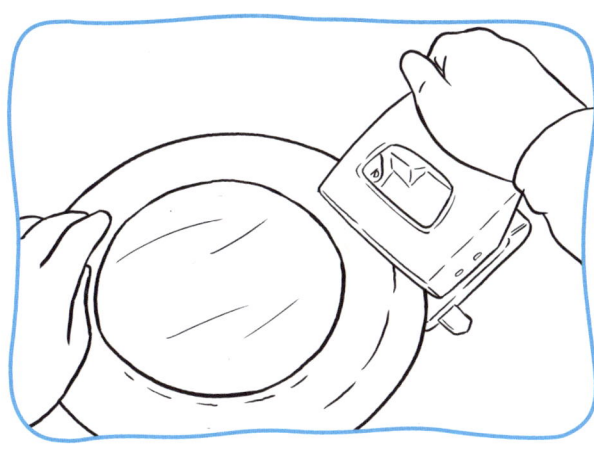

**4.** Beule die Teller ein wenig nach außen aus. Klebe die beiden Teller so zusammen, dass die bemalten Seiten nach außen zeigen. Lasse dabei oben eine Öffnung.

**5.** Stanze zwei Löcher oben in die Laterne.

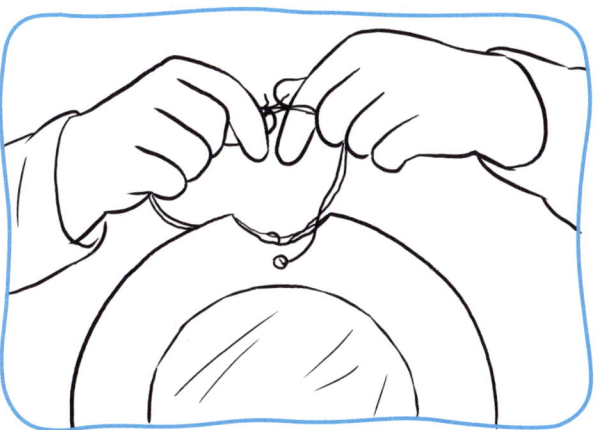

**6.** Befestige den Draht oben an den gestanzten Löchern. Nun kannst du den Laternenstab an den Draht hängen.

**Tipp:** Du kannst noch ein Motiv aus Transparent- oder Buntpapier aufkleben.

# SUPERSCHNELLE LATERNE

Male die Laterne bunt an!

Du brauchst:
- 1 Klopapierrolle
- Nagelschere
- Wollfaden
- Krepppapier in verschiedenen Farben
- Locher
- Stifte oder Farben und Pinsel
- Tonpapier
- Klebstoff
- Klebeband
- LED-Licht

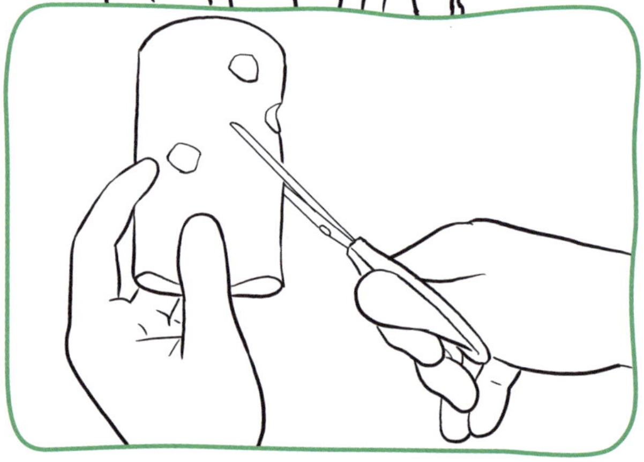

**1.** Schneide mit einer Nagelschere vorsichtig ein paar kleine Löcher in die Klopapierrolle.

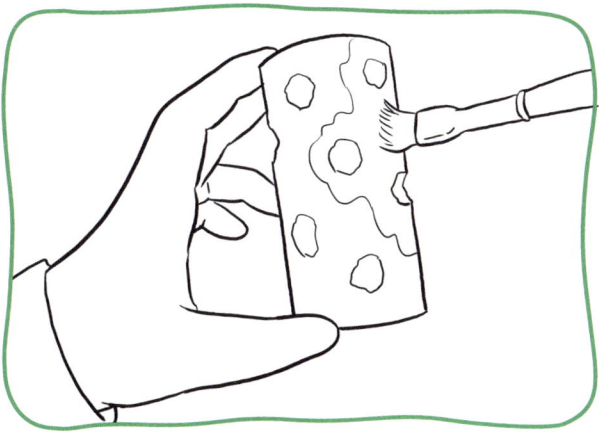

**2.** Male die Klopapierrolle an und lasse die Farbe trocknen, falls du keine Bunt- oder Filzstifte verwendet hast.

**3.** Klebe die eine offene Seite der Rolle mit einem runden Stück Tonpapier zu.

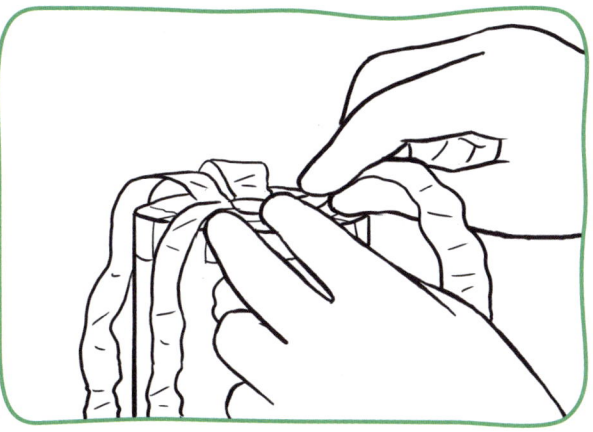

**4.** Schneide schmale Streifen aus Krepp-papier aus und klebe sie unten (also an der verschlossenen Seite) an die Rolle fest, so dass sie lang herunterhängen.

**5.** Schiebe vorsichtig ein LED-Teelicht durch die Öffnung, sodass es auf dem Boden der Klopapierrolle steht.

7. Nun kannst du die kleine Laterne an dem Faden aufhängen.

**6.** Stanze zwei Löcher oben in den oberen Rand der Rolle und befestige einen Wollfaden daran.

# CONNIS MINI-LATERNE

**1.** Male die Laterne auf der rechten Umschlaginnenseite dieses Heftes an und schneide sie aus. Schneide auch die Motive innen aus, am besten geht das mit einer Nagelschere. Lasse dir dabei von einem Erwachsenen helfen.

**2.** Klebe farbiges Transparentpapier auf die Innenseiten und schneide die überstehenden Ränder ab.

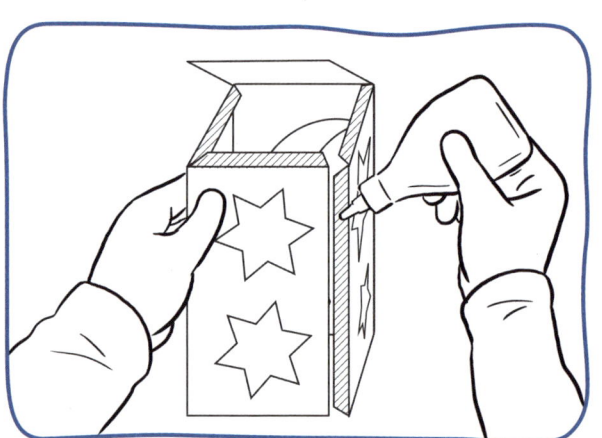

**3.** Klebe nun die Kanten an den markierten Stellen zusammen

**4.** Wenn der Klebstoff getrocknet ist, kannst du ein LED-Licht hineinstellen. Jetzt kannst du diese Laterne als Nachtlicht neben dein Bett stellen.

© 2023 Carlsen Verlag GmbH, Völckersstraße 14–20, 22765 Hamburg
Konzept und Text: Hanna Sörensen | Illustrationen, Gestaltung, Satz: Uli Velte | Lektorat: Larissa Speer
ISBN 978-3-551-19149-6 | www.conni.de | www.carlsen.de